Leo & Co.

Schöne Ferien

Alles Digitale zu diesem Buch kann auf der Lernplattform **allango** von Ernst Klett Sprachen abgerufen werden. So geht's:

QR-Code scannen oder **www.allango.net** aufrufen | Buchtitel oder ISBN in der Suche eingeben und auf das Buchcover klicken | Zum Inhalt navigieren, direkt abrufen oder speichern

Dieses Symbol bedeutet, dass zu einem Buch-Abschnitt ein digitaler Inhalt verfügbar ist: **Hörbuch und Lösungen zu den Übungen.**

Ernst Klett Sprachen

Stuttgart

Bildnachweis
20 Sabine Wenkums; **24.1** Aloys Eith; **24.2** Polyglott Kartografie; **24.3** Bernd Kröger – Fotolia.com; **24.4** Sabine Wenkums; **51** www.artec-grafik.de; **52** akg-images; **53** Aloys Eith; **56** Shutterstock / José Gil; **60** Polyglott Kartografie; **61.1** Sabine Wenkums; **61.2** Invisigoth – Fotolia.com; **62** SV Bilderdienst / Otto W.; **63** Pixelio / Nicolai Fleckenstein

1. Auflage 1 7 6 5 4 3 | 2028 27 26 25 24

Nachfolger von 978-3-12- 606407-1
Alle Drucke dieser Auflage sind unverändert und können im Unterricht nebeneinander verwendet werden. Die letzte Zahl bezeichnet das Jahr des Druckes.
Erstausgabe erschienen 2008 bei der Langenscheidt KG, München

www.klett-sprachen.de

Autor und Autorin: Theo Scherling und Elke Burger

Redaktion: Sabine Wenkums
Layout: Kommunikation+Design Andrea Pfeifer
Illustrationen und Umschlagbild: Johann Büsen
Gestaltung und Satz: Doppelpunkt, Stuttgart
Tonregie: Theo Scherling und Sabine Wenkums
Tonaufnahme, -schnitt und -mischung: Andreas Scherling
Tonstudio: Frische Medien München und Grünton Studio München
Sprecherinnen und Sprecher: Ulrike Arnold, Moritz Cleff, Theresa Endres, Jan Faßbender, Detlef Kügow, Susanne Noll, Theo Scherling, Jenny Stölken, Helge Sturmfels, Benjamin Tagle, Peter Veit, Ememkut Zaotschnyj
Druck und Bindung: Elanders GmbH, Waiblingen

Printed in Germany
ISBN 978-3-12-674080-7

Leo & Co.

Schöne Ferien

INHALT

DIE HAUPTPERSONEN DIESER GESCHICHTE:

Leo

Leo ist Maler, aber er ist auch ein leidenschaftlicher Koch.

Seine Kneipe „Leo & Co." ist ein gemütliches Lokal, in dem man gut und preiswert essen kann.

Zur Zeit kommen fast keine Gäste: Sommerzeit – Urlaubszeit. Leo möchte auch gern Ferien machen.

Klaus Meier

Klaus Meier ist Leos bester Freund. Zusammen mit seiner Tochter Veronika hat er die KFZ-Werkstatt „Meier & Meier".

Für einen Kunden soll er zu einer Oldtimer-Auktion in die Schweiz fahren, nach Basel. Er hat die Reise schon genau geplant, aber dann kommt es doch ganz anders.

Veronika Meier

Veronika lebt und arbeitet bei ihrem Vater und erzieht ihre kleine Tochter Iris allein.

Bald macht die Werkstatt Betriebsurlaub. Veronika und Iris wollen ein bisschen Ferien machen und Klaus Meier in die Schweiz begleiten. Schöner wäre es aber an der Ostsee. Gut, dass Leo auch Ferien machen möchte und eine Idee hat.

Anna

Anna ist Studentin und jobbt in Leos Kneipe. Sie wohnt bei ihrer Oma Gertrude Sommer.

Und Anna ist verliebt! Paco heißt der Glückliche.

Sie freut sich schon auf die Ferien an der Ostsee!

Paco

Paco liebt Anna. Leider haben die beiden immer viel zu wenig Zeit füreinander.

Aber bald fahren sie an die Ostsee. Pacos Cousin Felipe hat alles organisiert.

Felipe

Felipe ist Pacos Cousin, er ist 17 Jahre alt und er geht noch zur Schule, aber ungern.

Felipe ist supercool und Weltmeister im Organisieren.

„Kommt noch jemand?“
„Ich glaube nicht.“
„Dann gehe ich jetzt nach Hause. Hier herumstehen ist blöd, da gehe ich lieber mit Paco ein Eis essen.“
„Gute Idee! Ich komme mit!“
Anna sieht lächelnd zu Benno. Mittlerweile kennt sie seinen Humor. Er hat die Bemerkung nicht ernst gemeint. Aber manchmal provoziert er gern.
Anna und Benno arbeiten in Leos Kneipe. Anna verdient Geld für ihr Studium und Benno hilft Leo. Er wohnt über dem Lokal und zahlt dafür wenig Miete.
„Ich sage Leo Bescheid.“ Benno geht auf die Terrasse. An einem Tisch sitzen zwei Personen: Leo und Klaus.

Leo ist ein großer Mann mit freundlichen Augen, langen Haaren und einem riesigen Schnurrbart. Eigentlich ist Leo Maler, aber er ist auch ein leidenschaftlicher Koch.
Deshalb hat er vor einigen Jahren sein Hobby zum Beruf gemacht und eine Kneipe eröffnet. Seine Kneipe „Leo & Co.“ ist ein gemütliches Lokal, in dem man gut und preiswert essen kann.
Klaus Meier ist sein bester Freund. Er hat zusammen mit seiner Tochter Veronika eine KFZ-Werkstatt: Meier & Meier.

Benno kommt zu Leo und Klaus auf die Terrasse: „Entschuldigung, darf ich kurz stören?“
„Du störst nicht! Komm, setz dich. Wir unterhalten uns über Kunst und Autos“, sagt Leo.
„Nein, danke! Ich verstehe nichts von Autos und von Kunst auch nicht viel.“

„Klaus behauptet, Autos können auch Kunst sein! Wie findest du das?“

„Hm, also ...“

„So habe ich das nicht gesagt!“, unterbricht Klaus Meier. „Ich habe gesagt, manche Autos – und damit meine ich vor allem Oldtimer – können auch Kunst sein! Das Design, also die Form der Karosserie, sieht manchmal aus wie eine Skulptur. Das meine ich!“

„Also, ich möchte mich nicht in eure Diskussion einmischen. Ich wollte nur sagen, wir gehen jetzt, Leo. Es ist absolut nichts los. Okay?“

„Ja, ja, geht nur.“

Ü1 „Tschüs, ihr beiden.“ Benno verabschiedet sich, geht zurück ins
Ü2 Lokal und Leo und Klaus diskutieren wieder weiter.

Anna packt an der Theke ihre Sachen zusammen.

„Gehst du schon?“

Anna dreht sich um: Ihre Freundin Veronika ist ins Lokal gekommen.

„Hallo, Veronika! Ja, hier ist nichts los. Ich gehe mit Paco ein Eis essen. Klaus sitzt mit Leo auf der Terrasse.“

„Schade! Ich wollte mich mit dir unterhalten.“

„Hm, Paco holt mich gleich ab. Möchtest du vielleicht mitkommen?“

Der letzte Satz war nicht sehr überzeugend. Veronika hat verstanden:

„Nein, nein. Ich will das junge Glück nicht stören.“

2

„Na, ihr beiden? Habt ihr gerade ein wichtiges Männergespräch?"
„Nein, komm nur!"
Leo steht auf und begrüßt Veronika.
„Was darf ich dir bringen?"
„Hast du einen Eistee? "
„Klar! Kommt sofort!"
Nach ein paar Minuten kommt Leo zurück und stellt ein Glas Eistee für Veronika auf den Tisch.

„Zum Wohl, die Herren!", lacht Veronika.
„Du hast gute Laune, mein Kind!", sagt Klaus Meier und prostet seiner Tochter zu.
„Klar! In einer Woche beginnen die Ferien! Keine Werkstatt, ausschlafen, baden gehen, ..."
„Vergiss unsere Reise in die Schweiz nicht!", unterbricht ihr Vater.
„Was? Reise in die Schweiz? Ihr fahrt weg?", fragt Leo.
„Ja, wir wollen zu einer Oldtimer-Auktion nach Basel!"
„Das heißt, er fährt für einen Kunden zu einer Oldtimer-Auktion nach Basel. Und weil mein alter Herr so lange Strecken nicht gern allein fährt, hat er uns eingeladen."
„So, so. Ihr macht Betriebsurlaub[1]. Wie lange denn?"
„Zwei Wochen!", sagt Veronika.

1 *der Betriebsurlaub:* eine ganze Firma ist geschlossen (macht Urlaub), weil alle Mitarbeiter zur selben Zeit Ferien haben oder machen

EISSALON

„Wieso machst du eigentlich keinen Betriebsurlaub? Es ist Ferienzeit. Da kommen kaum Gäste. Heute Abend waren gerade mal drei, vier Leute im Lokal. Das lohnt sich doch gar nicht", sagt Klaus Meier.
„Stimmt schon. Ich habe auch schon daran gedacht, aber ich kann nicht."
„Warum denn nicht?", fragt Veronika.
Leo beugt sich über den Tisch und sagt leise: „Die jungen Leute brauchen doch das Geld."
„Du meinst Anna und Benno?"
„Hm!", nickt Leo. Ü3

Zur selben Zeit kommen Anna und Paco in der Eisdiele an. Es ist ganz voll, aber Felipe hat ihnen einen Tisch reserviert. Er hat viel zu tun.
„Was darf ich euch bringen? Ich empfehle den Liebesbecher für zwei! Mit frischen Erdbeeren, Kiwis und ..."
„Loco!"[2], lacht Paco und fragt Anna:
„Was nimmst du?"
„Ich nehme einen Früchtebecher und ein Mineralwasser."
„Und ich ein Spaghetti-Eis und einen Espresso."
„Kommt sofort!"

„Ich will weg!"
„Wie? Wir sind doch gerade erst gekommen!"
„Nein, ich will raus aus der Stadt! Ich will Ferien machen! Einfach irgendwohin!"
„Warum nicht? Nächste Woche habe ich meine Klausur und danach können wir los! Ich habe nur nicht so viel Geld."
„Nein, nein. Ich träume nur. Ich kann ja nicht weg", seufzt Anna.
„Hast du auch kein Geld?"

2 *Loco!: spanisch* für *Spinner!*, jemand, der ein bisschen verrückt ist

„Doch, ein bisschen Geld habe ich schon. Aber ich kann doch Benno und Leo nicht im Stich lassen.“[3]

„So, die Herrschaften! Bitte schön!“ Felipe kommt mit einem Tablett und stellt die Eisbecher und Getränke auf den Tisch.

„Jetzt wird es ruhiger. Ich glaube, heute war die ganze Stadt bei uns zum Eisessen“, lacht Felipe. „Ich hole mir auch etwas zu trinken. Bin gleich wieder da.“

Er kommt mit einem Glas Mineralwasser mit Eis und Limette zurück und trinkt einen großen Schluck.

„Ah, das tut gut! Na, wie geht es euch?“

„Kann nicht besser gehen“, lacht Anna und schiebt sich einen Löffel Eis in den Mund.

„Didadadadi! Didadadadi! Didadadadi!“

„Entschuldigt bitte!“

Ü4 Felipe holt sein Handy aus der Jeans und telefoniert:

„Entschuldigung! Da bin ich wieder.“

„Hör mal, was hast du da eben gesagt? Du suchst noch zwei Leute für ein Ferienhaus?“, fragt Paco interessiert.

„Ja. Wir haben ein Haus an der Ostsee gemietet. Superlage, ganz nah am Strand! Und nicht teuer.“

„Jetzt ist es ja leider zu spät“, sagt Anna und macht eine resignierte[4] Geste.

„Wieso?“

„Na ja, Sven und seine Freundin fahren doch mit, oder?“

„Nein, sie überlegen noch. Habt ihr denn Lust mitzukommen? Wer zuerst kommt, mahlt zuerst.“[5]

Paco sieht Anna an, dann sagt er: „Wir kommen mit!“

Ü5 Anna lächelt und seufzt: „Wie sag ich das nur Leo?“

3 *jemanden im Stich lassen*: Redewendung: jemanden allein lassen (obwohl er einen braucht)
4 *resigniert*: ohne Hoffnung, enttäuscht
5 *Wer zuerst kommt, mahlt zuerst*: Redewendung, hier: Wer sich zuerst entscheidet, kann mitfahren

3

Es ist halb neun und schon sehr heiß.
Anna und Benno bereiten das Frühstück vor. Um neun Uhr öffnet das Lokal.
Frühstück gibt es bis zwölf.
Leo kommt immer erst um zehn. Dann bereitet er das Mittagessen vor.
„Du bist aber heute Morgen nervös, Benno!"
„Ich? Nein!"
„Du trinkst jetzt schon den dritten Espresso. Sonst trinkst du immer Tee zum Frühstück."
„Hm, ich bin wirklich ein bisschen aufgeregt."
„Olala!"
„Quatsch! Ich habe ein Problem und weiß nicht, wie ich es Leo erklären soll."
„Vielleicht kann ich dir helfen?"
„Ich glaube nicht. Du bist ein Teil des Problems!"
„Ich – ein Problem? Jetzt bin ich aber gespannt.[6] Los, erzähl!"
„Ich möchte wegfahren!"
„Ja und? "
„Na ja, ich kann nicht. Was ist dann mit der Kneipe? Wer macht die ganze Arbeit? Ich kann dich und Leo doch ..."
„... nicht allein lassen!", ergänzt Anna und lacht.
„Süß! Du bist wirklich süß, Benno! Sieh doch mal: Es ist nach neun und kein Gast weit und breit! Und gestern Mittag waren vielleicht

6 *gespannt sein*: *ugs.* man wartet aufgeregt auf etwas, z.B. auf eine Entscheidung, eine Antwort, ein Ergebnis

drei, vier Leute zum Essen da. Am Abend genau so. Das ist doch nicht viel Arbeit. Aber ..."
„Aber?", fragt Benno."
„Das Problem ist, ich möchte auch wegfahren!"
„Ach du großer Mist! Psst! Der Chef!"

„Guten Morgen! Kann ich bitte einen Kaffee haben?"
„Aber klar, Leo! Du bist heute früh dran. Es ist erst kurz nach neun."
„Hm", brummt Leo und trinkt seinen Kaffee.
„Möchtest du ein Croissant oder einen Toast, Leo?", fragt Anna.
„Ein Croissant."
Leo dreht sich um und sieht ins Lokal. Kein Gast. Er sieht zur Terrasse. Ein Tisch ist besetzt: Ein Mann trinkt Kaffee und liest die Zeitung.
„Hört mal. Ich habe ein Problem."
„Heute Morgen haben alle Männer ein Problem!", lacht Anna.
„Nur raus damit[7], ich bin die Problemlöserin!"
Benno sieht sie böse an.
Leo schweigt.
„Entschuldigung. Aber du machst es wirklich spannend!"
Leo trinkt noch einen Schluck Kaffee, dann redet er weiter.
„Ich möchte Urlaub machen!"

Niemand sagt etwas. Anna und Benno sehen sich an.
„Und wo ist das Problem?", fragt Anna vorsichtig.
Jetzt sieht Leo seine beiden Mitarbeiter an.
„Ihr seid das Problem! Was mache ich mit euch? Ich kann die Kneipe doch nicht einfach schließen. Ihr braucht doch das Geld!"
„Ach Leo!" Anna umarmt ihren Chef und gibt ihm einen Kuss.
„Du machst dir um uns Sorgen? Süß!"

7 *Raus damit!*: Redewendung. Auch: Raus mit der Sprache! Das sagt man, wenn man jemanden ermuntern möchte, die Wahrheit zu sagen

„Mensch, Leo!", sagt Benno leise.
„Ihr seid nicht sauer?", fragt Leo vorsichtig.
„Wieso sauer?"
„Na ja, ihr habt dann ja keine Arbeit."
„Wir sind doch auch nicht da! Wir fahren ebenfalls in die Ferien!", lacht Anna.
Benno seufzt erleichtert und sagt: „Und wir haben vorhin überlegt, wie wir dir das erklären können. Fährst du weg?"
„Nein. Ich mache Ferien zu Hause. Ich gehe ins Atelier, male, einfach mal keine Pläne machen, das ist für mich Urlaub. Und ihr, fahrt ihr weg?"
„Wir fahren am 14. Felipe hat ein Haus an der Ostsee gemietet", sagt Anna.
„Und ich besuche Freunde in Frankreich."
„Jetzt fällt mir ein Stein vom Herzen![8]", lacht Leo und geht in die Küche.
„Mir auch!", ruft Anna.
„Und mir erst!", schließt sich Benno an und trinkt seinen vierten Espresso.

Ü6–7

8 *Mir fällt ein Stein vom Herzen!*: Redewendung: Ich bin froh, sehr erleichtert.

4

„Ein Gast!“, ruft Benno.
„Nein, das ist Paco. Aber einen Espresso bekommt er trotzdem.“
Paco bleibt auf der Terrasse und winkt.
„Was ist los? Warum kommt er denn nicht rein?“, fragt Benno.
„Keine Ahnung.[9] Aber das werde ich gleich wissen.“ Anna nimmt den Espresso und geht auf die Terrasse.

Ü8 „Hallo, mein Schatz! Was für eine schöne Überraschung!“

Ü9 „Nein, ich habe schlechte Nachrichten.“

9 *Keine Ahnung!*: *ugs.* Ich weiß (es) nicht.

Anna geht ins Lokal zurück. Leo steht mit Benno in der Küche.
„Ich mache nicht drei verschiedene Mittagessen und dann kommen nur zwei Leute!"
„Klaus und Veronika kommen doch jeden Mittag. Und Ralf kommt auch. Und Frau Neumann …" Benno sieht Anna an und fragt:
„Kommt deine Großmutter heute Mittag zum Essen?"
„Ich glaube schon."
„Na, siehst du! Das sind dann schon fünf Mittagessen und vielleicht kommen noch andere Gäste."
Aber Leo hört Benno nicht zu. Er sieht Anna an.
„Was ist los, Anna? Du siehst traurig aus!"
„Bin ich auch. Leider fahren wir nicht an die Ostsee."
„Warum nicht?"
„Plötzlich sagen alle ab und jetzt fehlen uns zwei Leute. Zu viert ist das Haus zu teuer."
„Schade!", sagt Benno. „Und was macht ihr jetzt?"
„Keine Ahnung. Erst mal nachdenken."

Anna räumt das leere Geschirr ab und Benno fährt zum Getränkemarkt. Leo geht zuerst in die Küche, aber nach einem kurzen Augenblick geht er in sein Büro im ersten Stock.
Er nimmt den Telefonhörer ab und wählt.

Ü10
Ü11

Nach dem Telefonat sucht Leo seinen Kalender. Er schlägt die Woche auf und notiert:

11. Abfahrt Schweiz
16. Betriebsurlaub

Dann macht er einen langen Strich bis zum 28.
Am Wochenende 14./15. notiert er:
Anna/Benno Ferien

"Hm, ich fahre am elften und Anna und Benno am vierzehnten. Danach ist das Lokal zwei Wochen geschlossen. Und am zwölften und dreizehnten?"
Dann sieht er auf die Uhr und geht nach unten in die Küche.
„Anna?"
„Ich bin hier! Ich lese!"
Anna sitzt allein im Lokal und liest die Tageszeitung.
Leo geht zu ihr. Er erkennt die Überschrift „Reise/Erholung".
„Suchst du was Bestimmtes?"
„Ein günstiges Angebot für unsere Ferien."
„Keine Lust mehr auf die Ostsee?"
Anna dreht sich um. Sie sieht das Blitzen in Leos Augen und sein Lächeln.
„Veronika und Iris kommen mit!", sagt er.

5

„Tuuuut! Tuuuut!"

Leo sieht aus dem Fenster.

Vor dem Haus sitzt Klaus Meier in seinem Auto und hupt: „Tuuuut! Tuuuut!"

„Jaa! Mensch, ich komme ja schon!"

Leo sieht auf die Uhr: 8 Uhr 50! Typisch! Um neun wollen sie abfahren, aber Klaus Meier ist immer zu früh.

Leo packt seine letzten Sachen zusammen.

Er denkt laut:

„Sommerkleidung, eine Regenjacke, mein Hut. Die Tasche mit den Malsachen, Handy, Adressbuch, Fotoapparat. Schlüssel nicht vergessen! Ich glaube, ich habe alles."

Er schleppt den schweren Koffer die Treppe runter.

„Benno? Anna? Wo seid ihr? Wo sind die Provianttasche und die Getränke?"

Niemand antwortet.

Leo bringt seinen Koffer vor die Haustür zum Auto.

Das Auto ist leer und abgeschlossen.

„Mist! Ich glaub's ja nicht!"

Er zieht den Koffer auf die andere Seite vom Haus: Klaus Meier sitzt mit Anna und Benno auf der Terrasse und trinkt einen Espresso. Er winkt.

103

„Guten Morgen, Leo! Perfektes Reisewetter! Komm, wir trinken noch einen Espresso und dann geht's los!"
Leo stellt seinen Koffer ab. Er wischt sich den Schweiß von der Stirn.
Klaus Meier redet weiter: „Nur die Ruhe, mein Lieber. Wir fahren doch in die Ferien. Warum stresst du dich so?"
Leo schweigt. Er will nicht schon vor der Abfahrt streiten.
Und Grund hätte er genug:
Klaus Meier trägt scheußliche grau-blau karierte Bermuda-Shorts, ein Hawaii-Hemd und eine Baseballmütze mit der Aufschrift „FC Bayern".
Nach ein paar Minuten fragt Leo: „Wo ist die Proviantasche?"
„Alles da!" Benno zeigt auf eine Kühltasche mit Getränken und Sandwiches.

Die ersten hundert Kilometer sind die beiden Freunde recht schweigsam.
Leo ärgert sich noch immer über die morgendliche Hektik und sein Freund Klaus versteht nicht, warum Leo beleidigt ist.
„Wo machen wir die erste Pause?", fragt Leo vorsichtig.
„Erst im Rheintal! Guck mal, hier ist die Landkarte. Unser Ziel ist Bingen."
„Wie bitte?"
„B-i-n-g-e-n! Bingen am Rhein. Diesen Abschnitt des Rheintals nennt man ‚Oberes Mittelrheintal'. Es ist der schönste Abschnitt des Rheintals und seit ein paar Jahren Weltkulturerbe der UNESCO."
„Und was soll ich auf der Karte suchen? Du weißt ja schon alles!"
„Nur zu deiner Information, mein Lieber!"
Leo liest die Landkarte. Ü12

Köln
Leverkusen
Bonn
Rhein
DEUTSCHLAND
Koblenz
St. Goar
Burg Rheinfels
Loreley
Wiesbaden
Frankfurt
Bingen
Mainz
Worms
Mannheim
Ludwigshafen
Heidelberg
Karlsruhe
D
FRANKREICH
Stuttgart
Strasbourg
SCHWARZWALD
F
Reutlingen
Rhein
Freiburg

„Die Loreley! Warum halten wir nicht bei der Loreley? Der Ort ist doch ganz berühmt!"

„Das ist kein Ort. Das ist nur ein Fels:

Ich weiß nicht, was soll es bedeuten,
Dass ich so traurig bin;
Ein Märchen aus alten Zeiten,
Das kommt mir nicht aus dem Sinn."

„In der Schule nannten wir so Typen wie dich Streber! Die wussten auch immer alles besser!"

„Ach, der Herr Pinselquäler! Meinst du, du hast die Kultur gepachtet? Glaubst du, ein Kraftfahrzeugmeister ist ein Idiot, der nur an Autos rumschrauben kann? Nein, mein Lieber, auch wir einfachen Menschen verfügen über ein bisschen Bildung:

Ich glaube, die Wellen verschlingen
Am Ende Schiffer und Kahn;
Und das hat mit ihrem Singen
Die Lore-Ley getan.

Übrigens von Heinrich Heine, Herr Kunstmaler!"

„Entschuldigung, so habe ich das nicht gemeint. Aber das mit dem Pinselquäler nimmst du zurück!"

„Überleg ich mir noch!", sagt Klaus Meier. Leo sieht, dass sein Freund dabei lächelt. › Ü13–14

6

Nach einer Pause erklärt Klaus Meier:
„Wir fahren hier auf der A 61, d.h. die Autobahn hat die Nummer 61, sie führt auf der linken Rheinseite entlang. Die Loreley ist auf der rechten Seite. Wir können also nicht bei der Loreley halten, nur gegenüber!"
„Gegenüber?"
„Guck doch mal bitte, wie der Ort gegenüber der Loreley heißt. Der Ort auf unserer Seite, auf der linken ..."
„Schon gut! Ich bin doch kein Idiot! Hier: St. Goar. Da gibt es auch eine Burg, Burg Rheinfels."
„Ah, Burg Rheinfels, aus dem 14. Jahrhundert! Sehr berühmt! Die haben schon Kollegen von dir gemalt: Albrecht Dürer und William Turner, falls du die kennst."
Leo schweigt.

„Toll! Einfach toll!"
Leo und Klaus Meier stehen auf der Burgruine Rheinfels. Leo ist begeistert vom Blick zum anderen Rheinufer auf den Felsen der Loreley.
„Haben wir ein bisschen Zeit?", fragt Leo.
„Klar! Bis Bingen ist es nur noch eine halbe Stunde."
Leo holt seine Tasche mit den Malsachen aus dem Auto und zeichnet. Ü15

Klaus Meier wählt eine Telefonnummer auf dem Handy. Niemand meldet sich. Dann nimmt er den Reiseführer und liest vor: „Die Burg Rheinfels war einmal die mächtigste Burganlage am Rhein. Sie war damals Vorbild für den Burgenbau. An dieser Stelle ist der Rhein nur 150 Meter breit. Der Strom, also der Rhein, ist hier ziemlich gefährlich und deshalb entstand die Sage von der Loreley."
„Das verstehe ich nicht!"
„Es sind hier wohl viele Schiffe verunglückt und die Sage beschreibt eine schöne blonde Frau, die Tochter des Rheinkönigs, die auf dem Felsen sitzt und ihr Haar kämmt. Dabei singt sie wunderschön. Das lenkt die Schiffer ab. Sie passen nicht auf, sehen nicht auf den Fluss, sondern hinauf zu ihr und verunglücken. Oder wie der Dichter sagt:
Den Schiffer im kleinen Schiffe
Ergreift es mit wildem Weh;
Er schaut nicht die Felsenriffe,
Er schaut nur hinauf in die Höh."
„Kannst du das Gedicht auswendig?"
„Klar!"
„Streber!" Ü16

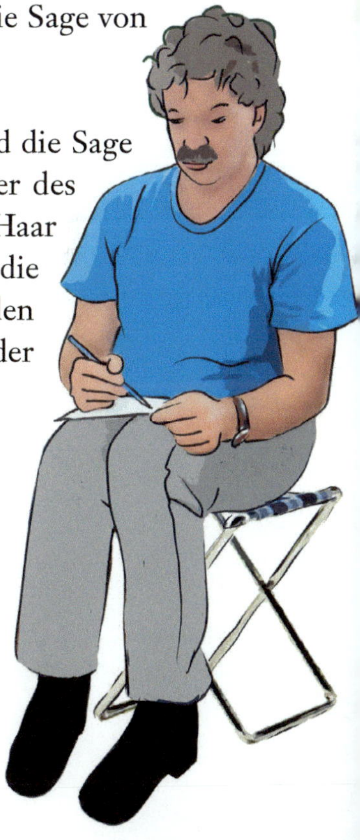

„Haben die Herren schon gewählt?“

„Ich nehme Menü 1 und dazu hätte ich gern einen Weißwein. Können Sie einen Wein aus der Region empfehlen?“

„Natürlich. Ich empfehle Ihnen einen Riesling aus den Anbaugebieten vom Mittelrhein. Das ist die Region mit den bedeutendsten deutschen Weißweinen!“

„Fein, dann bringen Sie mir ein Viertel und ein Mineralwasser bitte.“

10 *Von mir aus: ugs.* Ich habe nichts dagegen.

„Haben Sie auch schon gewählt?“

„Ja, ich hätte gern Menü 2 und auch einen Riesling, bitte.“

„Dann nehmen wir doch gleich eine Flasche! Oder was meinst du?“ Klaus Meier sieht Leo an.

„Von mir aus[10]“, sagt Leo ein bisschen verlegen.

„Sehr gern“, antwortet die junge Bedienung mit einem Lächeln und geht.

„Stimmt was nicht?“, fragt Klaus.
„Warum hast du mir nicht gesagt, dass wir in einem so vornehmen Hotel wohnen? Ich hätte ganz andere Klamotten[11] mitgenommen!“
Leo sieht sich im Restaurant des 5-Sterne-Hotels um. Alle Gäste sind sehr elegant gekleidet.

„Das Hotel ist nicht teuer! Veronika hat es im Internet gefunden. 4-Gänge-Menü, Übernachtung und Frühstück nur 80 Euro! Das zahlst du bei uns zu Hause schon für ein einfaches Hotel, allein für die Übernachtung!“
Die junge Dame bringt die Flasche Wein. Sie öffnet die Flasche am Tisch und fragt:
„Wer möchte probieren?“
„Dieser Herr ist der Fachmann!“, sagt Klaus Meier und deutet zu Leo.
Die Bedienung schenkt Leo ein.
Leo riecht intensiv am Wein und nimmt einen Schluck.
„Sehr gut!“ Er lächelt die junge Dame an.
„Dann lassen Sie die Flasche mal stehen!“, scherzt Klaus Meier.
Leo ist die Situation peinlich.
„Dideldü! Dideldü! Dideldü!“
„Mist!“, ruft Leo und sucht sein Handy.
Einige Gäste sehen zum Tisch. Klaus Meier grinst und schweigt.
„Hallo, hier ist Leo!“
Im selben Augenblick kommt der Kellner:
„Ihre Vorspeise: Coquilles St. Jacques!“
„Wie bitte?“
„Jakobsmuscheln! Die Vorspeise.“
„Nein, ich habe nicht Sie gemeint. Entschuldigung, Benno ...“
Leo steht auf und geht mit dem Handy weg.

11 *die Klamotten: ugs.* die Kleider/Kleidung

7

Leo kommt an den Tisch zurück. Klaus Meier sieht ziemlich sauer aus. Ü17
„Das war wichtig! Fragen zum Restprogramm im Restaurant, äh, ich meine im Lokal, also bei mir!"
Leo probiert die Vorspeise. Die Muscheln sind inzwischen kalt.
Leo winkt dem Kellner.
„Entschuldigen Sie, könnten Sie die Vorspeise bitte für mich aufwärmen?"
„Verzeihung, der Herr, aber in unserem Hause bereiten wir alle Speisen frisch zu! Wir arbeiten hier nicht mit der Mikrowelle. Aber ich kann Ihnen gern eine neue Vorspeise zubereiten lassen."
„Nein, danke, lassen Sie mal."
Der Kellner nimmt den Teller mit.
„Muscheln kann man nicht aufwärmen! Ich dachte, du bist ein erfahrener Koch?"
„So ein Quatsch! Natürlich kann man Muscheln aufwärmen. Ich kenne viele Gerichte, wo man Muscheln weiterverarbeiten kann!"
„Ich streite mich nicht mit dir! Ich genieße lieber die Aussicht!", sagt Klaus. Er ist ein bisschen verärgert.

Am nächsten Morgen sitzen die beiden Freunde wieder auf der Terrasse und diesmal genießen beide die schöne Aussicht.
„Was ist heute unser Tagesziel?", fragt Leo gut gelaunt.
„Der Schwarzwald!"
„Aha, und wo genau? Der nördliche, der mittlere oder der südliche Schwarzwald?"
Klaus Meier staunt:
„Oha, du hast die Karte gelesen?"
„Nein, aber gestern sind wir durch das Obere Mittelrheintal gefahren. Vielleicht fahren wir heute ja in den nördlichen Südschwarzwald?"
„Treffer! Da fahren wir tatsächlich hin! Unser Tagesziel ist Freiburg."
„Du wirst mir auf der Fahrt sicherlich alle wissenswerten Details erzählen, oder?"
Klaus Meier lacht: „Selbstverständlich! Ich habe mich schließlich
Ü18 vorbereitet!"

Zur gleichen Zeit klingelt bei Veronika das Telefon. Gut gelaunt nimmt sie den Hörer ab:
„KFZ Meier und Meier. Guten Tag!“
„Hallo, Veronika, hier ist Paco.“
„Hallo, Paco! Hast du schon Reisefieber?“
„Nein, ganz im Gegenteil.“
„Wie, ich verstehe nicht ...“
„Keine Reise, kein Reisefieber. Unser Urlaub ist geplatzt. Die Vermieter haben abgesagt. Felipe hat die Buchung nicht bestätigt.“
„Wie bitte? Ich glaube, ich werde verrückt! Ich fahre euretwegen nicht in die Schweiz und jetzt platzt der Ostsee-Urlaub? Das darf doch nicht wahr sein! Ist Felipe zu jung oder zu blöd? Wieso hast du dich nicht darum gekümmert? So ein Mist!“
Wütend legt Veronika den Hörer auf.
Den ganzen Vormittag läuft sie mit finsterer Miene[12] durch die Werkstatt. Ralf, der Mechaniker, wäre am liebsten unsichtbar.

„Hallo, Mami!“
„Hallo, mein Schatz! Na, wie war es heute in der Kindergruppe?“
„Toll! Wir haben den ganzen Tag Sand geschaufelt.“
„Wieso denn das?“
„Die Kindergärtnerin hat gesagt, nach den Ferien bekommen wir frischen Sand, direkt vom Meer!“
Veronika lacht und nimmt ihre Tochter in den Arm.
„Wir zwei essen jetzt ein riesengroßes Eis!“
„Gehen wir nicht zum Mittagessen zu den anderen?“
„Nein, die möchte ich jetzt lieber nicht sehen.“

Beim Eisessen hat Veronika Iris die Neuigkeiten erzählt. Aber Iris war gar nicht traurig. Gemeinsam haben sie überlegt, was sie in den Ferien alles machen können.

12 *mit finsterer Miene*: man kann am Gesichtsausdruck sehen, dass jemand schlechte Laune hat, verärgert oder böse ist

Veronika musste alles aufschreiben:

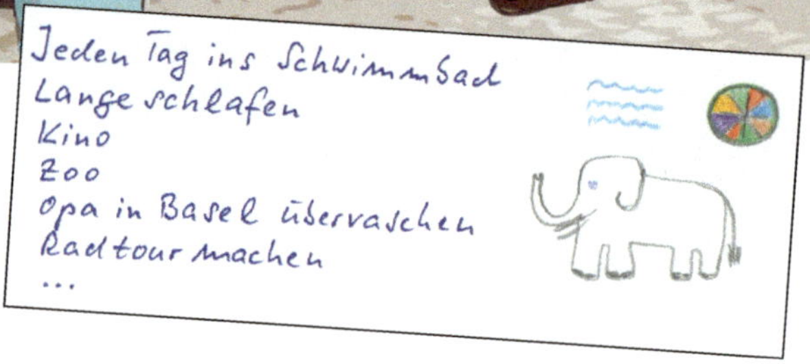

Am Abend erreichen Klaus und Leo Freiburg im Breisgau. Die Fahrt war sehr entspannt und sie haben viele Pausen gemacht. Leo hat gezeichnet, Klaus Meier hat gelesen und er hat mehrmals seinen Kunden angerufen. Aber er hat ihn wieder nicht erreicht.

Die Region um Freiburg ist eine gute Weingegend. Bester Laune haben sie am Abend ein typisches Weinlokal besucht. Bei einem Winzer waren im Hof Tische aufgestellt. Die Frau des Winzers hat eine badische Spezialität gekocht, und natürlich haben die beiden Männer auch den Wein probiert. Am nächsten Tag werden

Ü19 sie sich Freiburg ansehen.

8

Klingeling! Klingeling!
„Mami, es klingelt!“
„So früh am Morgen? Wer kann denn das sein?“
„Mami, Anna ist da!“
„Guten Morgen, Süße!“ Anna gibt Iris einen Kuss auf die Wange und geht in die Küche.
„Veronika? Hallo?“
Veronika kommt aus dem Badezimmer und begrüßt ihre Freundin.
„Möchtest du einen Kaffee?“
„Nein, danke! Ich muss gleich in die Kneipe. Ich, hm, wie soll ich sagen, ich möchte dich, hm, euch einladen. Heute Mittag in die Kneipe.“

„Warum?“
„Es tut uns allen so leid, dass die Ferien geplatzt sind, gerade wegen Iris. Deshalb möchten wir gern was mit euch zusammen planen. Kommt ihr?“
Veronika sieht zu ihrer Tochter.
„Wir kommen!“, sagt Iris.

„Es tut mir einfach schrecklich leid. Aber es war so ein Durcheinander und da habe ich den Termin vergessen. Und ...“
„Es ist wirklich nicht Felipes Schuld. Wir haben uns doch alle auf die Ferien am Meer gefreut! Können wir nicht einfach überlegen,

wie wir das Beste aus der Situation machen?", schlägt Paco versöhnlich vor.
„Jetzt habt ihr ja endlich Zeit, für die Uni zu lernen!", sagt Veronika ironisch.
Felipe unterdrückt ein Grinsen.
„Ich habe mit Iris jedenfalls schon Pläne geschmiedet!"
„Wo ist Iris eigentlich?", fragt Anna.
„Die hat heute ein paar Tüten Sand aus dem Kindergarten mitgebracht. Und jetzt baut sie auf der Terrasse eine Sandburg."
„Eine Sandburg auf der Terrasse? – Gute Idee!", sagt Felipe und geht zu Iris.

Ü20

„Freiburg ist wirklich schön. Können wir nicht noch einen Tag länger bleiben?", fragt Leo.

„Kein Problem. Wir lassen einfach unsere Wanderung ausfallen, verbringen den Tag in der Stadt und fahren ein bisschen in der Gegend rum."

„Dring! Dring! Dring!"

„Entschuldige, mein Handy." Klaus Meier steht auf und verlässt

Ü21 den Tisch.

Klaus Meier schaltet sein Handy aus. Er setzt sich wieder zu Leo.
„Schlechte Nachrichten?“
„Wir fahren nicht nach Basel!“
„Ach! Fällt die Auktion aus?“
„Nein, der Auftrag ist geplatzt. Mein Kunde hat eben angerufen.“

„Keine Rösti, keine ‚Heidi’, kein Käsefondue, keine Schokolade, kein Nummernkonto, keine Schweizer Uhr?“
„Du mit deinen Vorurteilen!“
„Kein Matterhorn, kein Wilhelm Tell ...“
„Du kennst wohl nur Klischees von der Schweiz, oder?“
„Eben! Darum bin ich ja mitgefahren. Ich wollte die Schweiz bes-ser kennenlernen.“
„Unser Ziel war nur Basel. Und Basel ist nicht die Schweiz!“
„Aber ein Anfang!“
„Immerhin warst du jetzt schon mal an der Grenze!“
„Und was machen wir jetzt?“
„Was immer wir wollen. Wir können noch einen Tag in Freiburg bleiben oder durch den Schwarzwald fahren. Da gibt es viele schöne Orte!“
„Oder wir fahren ins Elsass, das ist doch auch nicht weit.“

Klaus lehnt sich entspannt in seinen Stuhl zurück und sagt:
„Das überlegen wir jetzt in aller Ruhe. Aber egal, was wir machen, du bist eingeladen!“ Ü22

9

Leo grinst.
„Was amüsiert dich denn so, mein Freund?“, fragt Klaus Meier.
„Ich stelle mir gerade die Gesichter von Anna und Veronika vor, wenn wir plötzlich in ihrem Ferienhaus an der Ostsee auftauchen.“
„Iris freut sich bestimmt, wenn ihr Opa kommt!“
„Aber vielleicht ist sie die Einzige. Ist es wirklich eine so gute Idee, wenn wir dort unangemeldet hinfahren?“
„Mensch, Leo! Wir ziehen doch nicht in das Ferienhaus ein! Wir gehen in ein Hotel und machen nur was zusammen, wenn alle Lust haben.“

Nach einer kleinen Pause sagt Klaus:
„Ich verrate dir ein Geheimnis, Leo."
„Da bin ich aber gespannt!"
„Mein Kunde bezahlt alles!"
„Wieso, ich dachte, der Auftrag ist geplatzt?"
„Eben! Die Reisekosten sind die Entschädigung!"
„Also dann, auf zur Ostsee!"
„Ja! Mit einem kleinen Zwischenstopp zu Hause, Badesachen einpacken!"

Am späten Nachmittag sind sie wieder zu Hause.
Es ist glühend heiß und die Stadt ist wie ausgestorben[13]. Die meisten Leute machen jetzt Ferien.
Langsam fährt Klaus die Straße entlang zu Leos Kneipe.
„Kommst du mit rein? Im Kühlschrank ist bestimmt ein kühles Bier. Und dann packen wir aus."
„Klar! Wir machen uns einen gemütlichen Abend und morgen geht's weiter zur Ostsee! Ich freue mich aufs Meer! Woanders kann man diese Hitze ja nicht aushalten."
„Du sagst es, mein Freund. So, da wären wir. - Moment mal! Was ist denn das?"
Klaus parkt den Mercedes im Hof.
„Was meinst du?"
„Die Tür zum Kühlraum steht auf! Das darf doch nicht wahr sein!", schimpft Leo.
Plötzlich rasen zwei kleine Kinder in Badesachen aus dem Kühlraum.
Jedes Kind trägt zwei Flaschen Cola in den Händen. Die beiden verschwinden im Hintereingang zur Kneipe.
Leo und Klaus sehen sich verwundert an.

13 *wie ausgestorben: ugs.* leer, man sieht (fast) keine Menschen

LEOS STRANDB

Leo steigt aus und schließt die Tür zum Kühlraum. Dann folgen sie den nassen Fußabdrücken am Boden.
Im Lokal ist es dunkel, aber von der Terrasse kommt lautes Ge-
Ü23 schrei.
Ü24 „Das darf doch nicht wahr sein!", flüstert Leo noch einmal.

Inzwischen haben alle die Neuankömmlinge[14] bemerkt.
Anna hat ihr Sonnenbad unterbrochen und kommt zu den beiden.
Sie geht zu Leo und nimmt ihn in den Arm:
„Nicht böse sein, Leo!"
„Ich, hm, ich bin nicht böse. Ich bin nur ziemlich sprachlos[15]," stottert Leo.
„Ein kühles Bier, die Herren?"
Felipe grinst und bietet auf einem Tablett kaltes Bier an:
„Willkommen zu Hause!"
„Prost!", sagt Klaus.
Ü25 Und Leo antwortet: „Schöne Ferien!"

ENDE

14 *der Neuankömmling*: Jemand, der neu dazu kommt (z.B. zu einer Gruppe Menschen, in eine Stadt, an einen Ort)
15 *sprachlos sein: ugs.* wenn man nichts sagen kann (z.B. vor Überraschung, Staunen, Schreck)

KAPITEL 1

1 Was ist für Sie Kunst? Sammeln Sie.

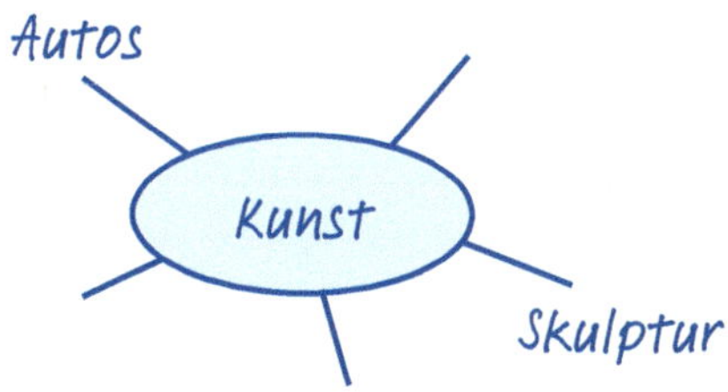

2a Richtig oder falsch? Hören Sie und kreuzen Sie an.

	R	F
1. Anna muss nach Feierabend die Klausur nachschreiben.	☐	☐
2. Paco ist beim Baden.	☐	☐
3. Anna und Paco möchten in die Eisdiele gehen.	☐	☐
4. In der Eisdiele müssen sie nichts bezahlen, weil Felipe in der Eisdiele jobbt.	☐	☐

2b Hören Sie noch einmal und lesen Sie. Vergleichen Sie mit 2a.

„Hola, hier ist Paco!“
„Hallo, mein Schatz! Was machst du gerade?“
„Ich lerne. Ich muss doch die Klausur nachschreiben.“
„Hast du Zeit für eine Pause?“
„Mit dir immer, mi amor! Hast du schon Feierabend?“
„Ja, ich hör jetzt auf. Hier ist absolut nichts los. Wo sind die Leute alle?“
„Beim Baden, im Park, irgendwo draußen. Es ist ein superschöner Abend. Nur der arme Paco muss lernen.“
„Jaja, deshalb ruf ich ja an.“
„Was wollen wir denn machen?“
„In die Eisdiele gehen?“
„Prima, dann kostet uns der Abend nichts!“
„Wie meinst du das?“
„Felipe jobbt doch gerade in der Eisdiele!“
„Ja, und?“

„Na ja, für Familienmitglieder sind die Eisbecher umsonst."
„Und ich dachte, die Mafia kommt aus Italien."
„Wie bitte?"
„Nichts, nichts! Wann treffen wir uns?"
„Ich brauch noch zehn Minuten. Soll ich dich abholen?"
„Gern! Ich freu mich!"

KAPITEL 2

3 Ergänzen Sie die Sätze.

Veronika hat gute Laune, denn ____________________

Leo ist überrascht, weil ____________________

Klaus fragt Leo, ____________________

Leo kann keinen Betriebsurlaub machen. Er denkt, dass ____________________

____

4a Hören Sie und ergänzen Sie.

„Hola!"
„Felipe, bist du das? Hier ist Sven. Ich habe gehört, du suchst noch Leute für ein ____________________."
„Hallo, Sven! Genau, wir haben noch ein freies ____________________! "
„Hm, ja, wir wären interessiert. Wie groß ist das Haus denn?"
„Das Haus hat drei ____________________, ein großes Wohnzimmer, eine ____________________, Bad und Toilette. Und eine große ____________________."
„Ist es weit bis zum ____________________?"
„Nein! Vielleicht ____________________ Meter."
„Und wann fahrt ihr los?"
„Am 14.! Wir haben das Haus zwei ____________________ gemietet, von Samstag 14. bis Samstag 28."
„Ist es teuer?"
„Nein, die Miete ist überhaupt nicht teuer! Wenn ihr noch mitkommt,

sind wir zu sechst. Das Haus kostet __________ Euro pro Woche. Das sind für jeden nur 75 Euro. Ich finde das echt billig!"

„Stimmt. Du, ich sag das meiner __________, wir überlegen uns das. Ich ruf noch mal an."

„Überlegt aber nicht zu __________!"
„Nein, nein. Ciao, Felipe."

4b Hören Sie noch einmal und korrigieren Sie.

5a Antworten Sie.
Was machen Anna und Paco in den Ferien? Fahren sie allein?

5b Stellen Sie sich vor, Sie haben nicht viel Geld und möchten Ferien machen. Welche Möglichkeiten gibt es? Sammeln Sie Ideen.

KAPITEL 3

6a Probleme über Probleme. Was für ein Problem haben Benno, Anna und Leo? Notieren Sie.

	Benno	Anna	Leo
Problem			

6b Gibt es eine Lösung für die Probleme?

Ja, ______________________________

Nein, ______________________________

7 Was machen Anna, Benno und Leo in den Ferien?

Ferienpläne
Anna:

Benno:

Leo:

KAPITEL 4

8 Paco kommt mit schlechten Nachrichten. Was muss er Anna vielleicht sagen? Schreiben Sie einen kurzen Dialog.

9a Was passt? Ergänzen Sie.

Ich auch. • Wieso? Was ist passiert? • Hat auch abgesagt. • So ein Mist! • Ich glaube, in der Familie ist jemand krank. • Solche Häuser sind sehr gefragt.

„Keine Ferien an der Ostsee."

„______________________________"

„Felipe hat angerufen. Heute Morgen haben seine Freunde die Reise abgesagt."

„Warum denn das?"

„____ Auf jeden Fall können sie nicht mitfahren."
„Und dieser andere Freund, Sven?"

„_______________________________ Und für Felipe, seine Freundin und uns ist es einfach zu teuer. Wir müssen ganz schnell noch jemanden finden, sonst geben die das Haus anderen."
„Geht das noch?"

„Klar. _______________________________"

„_______________________________. Ich habe mich so auf die Ferien gefreut."

„___________________"
„Und was machen wir jetzt?"
„Keine Ahnung. Ich muss Felipe bis heute Nachmittag Bescheid geben."
„Schade."

9b Hören Sie und vergleichen Sie.

10 Wen ruft Leo an? Was glauben Sie? Warum?

Wahrscheinlich ruft er ______________________

____

Vielleicht telefoniert er auch mit ______________

____

11a Richtig oder falsch? Hören Sie und kreuzen Sie an.

	R	F
1. Leo ruft Veronika an.	☐	☐
2. Er möchte die Ferien mit Veronika verbringen.	☐	☐
3. Klaus soll das Gespräch nicht hören.	☐	☐
4. Veronika fährt nicht gern in die Schweiz.	☐	☐
5. Leo schlägt vor, dass sie mit Iris an die Ostsee fährt.	☐	☐
6. Leo möchte mit Klaus in die Schweiz fahren.		

11b Hören Sie und lesen Sie. Vergleichen Sie mit Ü11a.

„Meier und Meier, guten Tag!"
„Veronika?"
„Wer ist da bitte?"
„Hier ist Leo!"
„Leo? Ist dein Telefon kaputt?"
„Nein! Ich möchte nicht, dass uns jemand hört. Ich rufe sozusagen privat an."
„Aha! Möchtest du dich mit mir verabreden? Also nächste Woche habe ich Ferien. Da können wir jede Menge zusammen machen! Morgens ins Schwimmbad, dann Eis essen, ins Kino oder in den Zoo. Iris kommt natürlich mit!"
„Sehr witzig."
„Warum sprichst du eigentlich so leise, Leo?"
„Klaus soll uns nicht hören."
„Leo! Papa ist in der Werkstatt, der hört uns nicht. Also, was ist los?"
„Hm, wie soll ich anfangen? Also, gestern Abend, habe ich das richtig verstanden – da warst du nicht gerade begeistert von der Reise in die Schweiz."
„Was möchtest du mir sagen, Leo? Du planst doch etwas? Ich kenne dich!"
„Soll ich mitfahren? Ich meine, in die Schweiz, mit Klaus. Und du fährst mit Iris an die Ostsee. Ich habe da ein Haus, ähm, also Anna hat da ein Haus und die suchen noch zwei Leute – oder anderthalb."
„Ich muss schon sagen, Leo, du überraschst mich immer wieder. Aber der Vorschlag klingt gut. Iris ist lieber am Meer als bei einer Oldtimer-Auktion. Wann fährt Anna?"
„Weiß nicht so genau. Ich glaube am 14. oder 15. Aber ich kann sie fragen. Und wann geht die Reise in die Schweiz los?"
„Abfahrt ist am 11. Es ist alles genau geplant, die Reiseroute, die Pausen und die Hotels sind auch schon reserviert. Du kennst Papa ja. Du musst nichts machen, nur mitfahren."
„Dann bleibt nur noch eine Frage: Wer teilt ihm die freudige Überraschung mit?"
„Das mach ich schon. Ich bin sicher, er freut sich."

KAPITEL 5

12 **Warum ist Leo verärgert? Schreiben Sie.**

13 **Lesen Sie noch einmal die letzten beiden Abschnitte von Kapitel 5. Wo fährt Klaus hin? Wo will Leo halten? Suchen Sie auf der Karte und markieren Sie die Orte.**

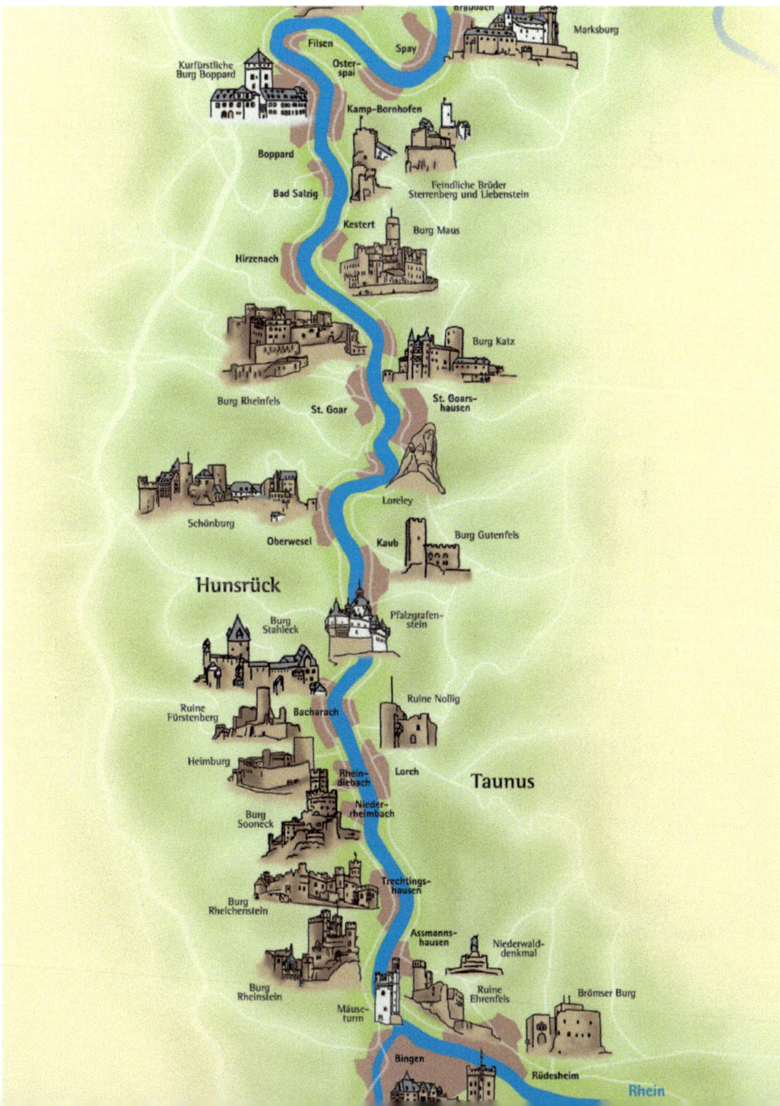

14 **Kennen Sie auch berühmte Volkslieder? Wie heißen sie?**

KAPITEL 6

15 **Suchen Sie die Orte auf der Karte von Ü13 und markieren Sie die Reiseroute.**

16a **Was haben Sie über die Geschichte der Loreley erfahren? Notieren Sie Stichpunkte.**

Gedicht von Heinrich Heine, Loreley ist ein Fels, ...

16b Lesen Sie das ganze Gedicht. Was verstehen und erfahren Sie noch? Ergänzen Sie Ihre Notizen in 16a.

Heinrich Heine

Loreley

Ich weiß nicht was soll es bedeuten,
Dass ich so traurig bin;
Ein Märchen aus alten Zeiten,
Das kommt mir nicht aus dem Sinn.

Die Luft ist kühl und es dunkelt,
Und ruhig fließt der Rhein;
Der Gipfel des Berges funkelt
Im Abendsonnenschein.

Die schönste Jungfrau sitzet
Dort oben wunderbar;
Ihr goldnes Geschmeide[1] blitzet,
Sie kämmt ihr goldenes Haar.

Sie kämmt es mit goldenem Kamme
Und singt ein Lied dabei;
Das hat eine wundersame,
Gewaltige Melodei[2].

Den Schiffer im kleinen Schiffe
Ergreift es mit wildem Weh;
Er schaut nicht die Felsenriffe,
Er schaut nur hinauf in die Höh.

Ich glaube, die Wellen verschlingen
Am Ende Schiffer und Kahn;
Und das hat mit ihrem Singen
Die Lore-Ley getan.

1 *das Geschmeide*: der Schmuck 2 *die Melodei*: die Melodie

KAPITEL 7

17a Welche Verben passen? Setzen Sie die Verben in der richtigen Form ein.

sein • aufhören • kommen • mögen • fahren • buchen • helfen • hören sollen • servieren

„Was habe ich da ____________________? Muscheln? Ich dachte, ihr seid auf einer Reise in die Schweiz? Seid ihr doch an die Nordsee ____________________?“

„Nein, das ist nur eine Vorspeise. Klaus hat so ein vornehmes Hotel ____________________.“

„Vornehm geht die Welt zu Grunde! Da wird dich meine Frage jetzt ziemlich auf den Boden zurückholen: Wir ______________ am Freitagmittag für unsere Stammgäste ein Abschiedsessen vor dem Betriebsurlaub machen. Und da haben wir eine Frage: ______________ wir Zitronenhühnchen oder Züricher Geschnetzeltes machen?"
„Zitronenhühnchen?"
„Ja! Das geht ganz einfach: Hühnchenteile, Zitronenscheiben und Kartoffeln auf ein großes Blech, Knoblauch und Kräuter dazu und mit Olivenöl braten. Dazu gibt es Weißbrot und Salat."
„Hm ..."
„Lieber doch das Geschnetzelte? Oder hast du vielleicht einen aktuellen Tipp? ______________ ihr eigentlich schon in der Schweiz?"
„Nein, wir sind in Bingen am Rhein. Warte mal, macht doch das Zitronenhühnchen, das klingt gut. Schafft ihr das?"
„Klar! Oma Trude ______________ uns dabei! Und Veronika kommt auch. Wie gesagt, ein Abschiedsessen für die Stammgäste: Veronika, Iris, Oma Trude, Frau Neumann, Felipe und Paco und natürlich Anna und ich. Und ein paar andere Gäste ______________ auch noch. – Leo?"
„Ja, ja. Ich bin noch dran. Hab nur grad ein bisschen Heimweh! Klingt gut, euer Plan! Ich muss jetzt ______________, Benno. So ein uniformierter Kellner sieht dauernd zu mir rüber. Er hat die Vorspeise schon ______________."
„Kein Problem, Leo. Guten Appetit! Tschüs!"

17b Hören Sie und vergleichen Sie.

18a Wohin fahren die beiden Freunde heute?

____

18b Wissen Sie etwas über Freiburg? Wenn ja, ergänzen Sie.

Süddeutschland – Schwarzwald, Universitätsstadt

19 Veronika ist wütend, Klaus und Leo haben gute Laune. Warum?

KAPITEL 8

20 Die Reise an die Ostsee fällt aus, deshalb schmieden die jungen Leute neue Pläne. Was würden Sie tun? Haben Sie eine Idee?

Ich würde ... / Die jungen Leute könnten doch ... / Das würde ich in dieser Situation machen: ...

21a Noch ein Problem. Hören Sie. Was ist passiert?

21b Lesen Sie die Fragen. Hören Sie noch einmal und antworten Sie.

Warum sagt Herr Baumgartner den Auftrag ab?

___

Warum gefällt das Klaus nicht?

___

Wie löst Herr Baumgartner das Problem?

___

21c Lesen Sie und vergleichen Sie.

„Klaus Meier!"
„Franz Baumgartner. Hallo, Herr Meier! Ich rufe wegen der Auktion an."
„Hallo, Herr Baumgartner, endlich! Ich habe schon ein paar Mal versucht, Sie zu erreichen. Ich bin schon fast in Basel."
„Ach!"
„Ja, ich bin seit zwei Tagen unterwegs."
„Das ist aber blöd …"
„Bitte?"
„Ja, wie soll ich sagen - das tut mir jetzt leid, aber ich bin nicht mehr interessiert."
„Wie meinen Sie das? Ich habe doch einen klaren Auftrag von Ihnen! Ich soll mir den Aston Martin ansehen und ihn in Ihrem Auftrag kaufen!"
„Das Ganze ist ein Missverständnis, Herr Meier. Ich dachte, ich wollte …"
„Lieber Herr Baumgartner, ich weiß sehr gut, was ein Auftrag und was ein Missverständnis ist! Außerdem haben wir über die Auktion im Beisein meiner Tochter gesprochen. Die wird das sicher bestätigen. Wer ersetzt mir jetzt meine Spesen?"

„Das mach ich natürlich, Herr Meier, keine Frage! Ich komme selbstverständlich für Ihre Unkosten auf: Reisekosten, Hotel, Verpflegung. Aber der Aston Martin ist mir im Moment einfach eine Nummer zu groß."
„Sie meinen, zu teuer?"
„Hm, ja, die Geschäfte gehen zur Zeit nicht so gut – wenn Sie verstehen, was ich meine."
„Ich verstehe sehr gut, Herr Baumgartner. Aber ich muss natürlich auch an mein Geschäft denken. Die Reise für Sie nach Basel bedeutet, dass ich ein paar Tage Ausfall habe. Verstehen Sie, was ich meine?"
„Sind Sie mit zweitausend Euro Entschädigung einverstanden, Herr Meier? – Zweitausendfünfhundert?"
„Ich bin kein Unmensch, Herr Baumgartner. Zweitausend sind okay. Sie sind ja schließlich ein alter Kunde von mir."
„Ich danke Ihnen, Herr Meier! Besten Dank! Was werden Sie jetzt tun? Fahren Sie trotzdem nach Basel?"
„Das weiß ich noch nicht."
„Es tut mir wirklich leid, Herr Meier. Und die Überweisung kommt sofort.

21d Was bedeuten die Wörter? Ordnen Sie zu.

1. das Missverständnis	A ein böser/schlechter Mensch
2. die Spesen	B man verdient kein Geld, weil man nicht arbeiten kann (z.B. weil man krank ist oder nicht im Geschäft)
3. der (Verdienst-)Ausfall	C eine Wiedergutmachung für einen Schaden
4. die Entschädigung	D man versteht etwas falsch
5. der Unmensch	E Ausgaben während einer beruflichen Reise (für Hotel, Essen, etc.)

22a **Leo kennt nur Klischees über die Schweiz. Was wissen Sie über die Schweiz? Notieren Sie.**

Die Schweiz ...

22b **Wie geht die Reise weiter? Sammeln Sie Ideen.**

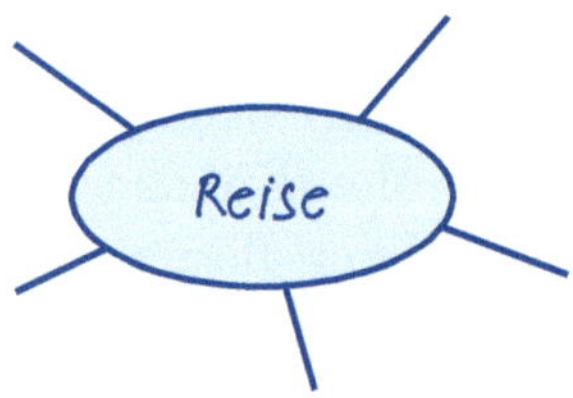

KAPITEL 9

23 **Sehen Sie sich das Bild auf Seite 42/43 noch einmal an. Was passiert in Leos Kneipe? Schreiben Sie.**

24 **Lesen Sie. Hören Sie und nummerieren Sie die richtige Reihenfolge.**

_1_ „Opa! Da ist Opa!“

_10_ „Genau! Am Ende der Ferien bringen wir ihn wieder zurück!“

____ „Und ihr an der Ostsee.“

____ „Das ist auch gesponsert! Kostet wirklich nichts! Wir müssen nur die Prospekte verteilen."

____ „Nein, wieso?"

__6__ „Das mit dem Haus hat doch nicht geklappt, die Vermieter haben in letzter Minute abgesagt. Wir waren schrecklich enttäuscht. Aber dann haben wir hier unseren eigenen Strand gebaut. Toll, nicht?"

____ „Der ist für den Kindergarten. Aber im Moment sind Ferien und da haben wir gedacht ..."

__2__ „Paps! Was macht ihr denn hier? Ihr seid doch eigentlich in der Schweiz!"

____ „... ihr leiht ihn mal kurz aus!"

____ „Hast du meine SMS nicht gelesen?"

____ „Und das Schwimmbecken?"

____ „Komm, Opa! Komm ins Wasser! Ich zeig dir, wie gut ich schon schwimmen kann!"

__14__ „Gleich, mein Schatz, ich hole nur meine Badehose!"

____ „Und woher habt ihr den Sand?"

25 Was sind für Sie schöne Ferien?

A DER RHEIN

Amsterdam
Apeldoorn
Utrecht
NIEDERLANDE
Arnhem
Maas
Nijmegen
Osnabrück
Hannover
Münster
Bielefeld
Rhein
Wesel
Duisburg
Essen
Dortmund
Göttingen
Düsseldorf
Kassel
Maastricht
Köln
Leverkusen
BELGIEN
Liège
Bonn
DEUTSCHLAND
Rhein
Koblenz
Wiesbaden
Frankfurt
LUXEMBURG
Mainz
Würzburg
Worms
Mannheim
Ludwigshafen
Heidelberg
Karlsruhe
Nancy
Stuttgart
Strasbourg
FRANKREICH
Reutlingen
Rhein
Augsburg
Mulhouse
Lörrach
Basel
Konstanz
Friedrichshafen
Zürich
Bregenz
Rhein
Innsbruck
Bern
Vaduz
ÖSTERREICH
0
50 km
SCHWEIZ
Chur
N

1 Fragen zum Rhein

1. Sehen Sie sich die Karte an. Wo ist die Quelle des Rheins? Wohin mündet er?
   Quelle: ____________________ Mündung: ______________________
2. Durch welche Länder fließt der Rhein?

   ____

3. Durch welche Bundesländer fließt der Rhein?

   ____

4. Von welchen Städten am Rhein haben Sie schon einmal etwas gehört? Markieren Sie die Städte auf der Karte.
5. Wissen Sie etwas über diese Städte? Wenn ja, schreiben Sie Stichpunkte zu den Städten.

   ____

   ____

Der Rhein, eine der meistbefahrenen Wasserstraßen der Welt, ist circa 1230 km lang. Viele wichtige Städte und Touristenregionen liegen am Rhein. Einen Besuch wert sind der Bodensee und der Rheinfall bei Schaffhausen (Schweiz), einer der größten Wasserfälle Europas. Sehr schön ist auch die Region Mittelrhein. Der Bereich zwischen Rüdesheim und Koblenz ist Weltkulturerbe der UNESCO. Hier kann man über 40 Burgen an nur 65 Flusskilometern besichtigen, auch der Weinanbau spielt eine große Rolle. Angebaut wird der Wein hier zum großen Teil auf Terrassen: Das ist schwere Arbeit, aber der Wein ist hervorragend. Und überall gibt es Weinfeste: die ersten im April, die letzten im Herbst. Beliebt ist auch *Rhein in Flammen*, das sind Großfeuerwerke, die im Sommer am Mittelrhein stattfinden und die man sich von Schiffen aus ansehen kann. Ein kulturelles Highlight ist das *Rheingau Musik Festival*, das zu den führenden Musikfestivals Deutschlands zählt. Zwischen Juni und September gibt es über 140 Konzerte – vor allem Klassische Musik – an ca. 40 verschiedenen Veranstaltungsorten.

6. Welche beliebten Orte/Regionen gibt es am Rhein?

7. Was ist das Besondere an der Region Mittelrhein? Sammeln Sie.

B FREIBURG

Freiburg im Breisgau ist mit ca. 225.000 Einwohnern die viertgrößte Stadt in Baden-Württemberg. Sie liegt im Schwarzwald und ist umgeben von einer Weingegend. Mit ihren Sehenswürdigkeiten, ihrer Nähe zum benachbarten Elsass und der reizvollen Landschaft ist sie touristischer Anziehungspunkt von jährlich über drei Millionen Besuchern. Das Wahrzeichen der Stadt ist das Freiburger Münster. Sein Turm ist 116 m hoch. Freiburg hat auch eine der besten Universitäten Deutschlands. Sie ist zusammen mit der Universitätsklinik der größte Arbeitgeber der Stadt. Freiburg ist die südlichste Großstadt Deutschlands. Mit mehr als 1800 Sonnenstunden im Jahr hat die Stadt ein fast mediterranes Klima und damit sehr gute Voraussetzungen für die Nutzung von Sonnenenergie.

2 Welche Informationen erhalten Sie über Freiburg? Fassen Sie zusammen.

C DIE SOLARSTADT FREIBURG

Freiburg nimmt in der Forschung und Anwendung von Solarenergie einen Spitzenplatz ein. Die Stadt verfolgt seit über 20 Jahren eine nachhaltige und zukunftsweisende Energiepolitik – mit wirtschaftlichem Erfolg. Zahlreiche Unternehmen, wissenschaftliche Einrichtungen und Verbände im Bereich Solarenergie haben ihren Sitz in Freiburg. Sogar das Freiburger Fußballstadion ist mit solarthermischen und photovoltaischen Anlagen ausgestattet. Dass die ökologische Orientierung in Freiburg eine so große Rolle spielt, hat vielleicht auch etwas damit zu tun, dass Freiburg von Anfang an eine Hochburg der GRÜNEN war.

Die Partei DIE GRÜNEN wurde 1980 gegründet, sie schloss sich 1993 mit der aus der Bürgerbewegung und den Oppositionsgruppen der DDR entstandenen Partei BÜNDNIS 90 zur Partei BÜNDNIS 90 / DIE GRÜNEN zusammen.

3 Welche Rolle spielt die Solarenergie in Freiburg? Notieren Sie Stichpunkte.

D DAS QUARTIER VAUBAN

Vauban ist ein Stadtteil Freiburgs und liegt auf dem Gelände einer ehemaligen Kaserne. Seit 1992 findet hier eine ganz besondere Form der Stadtplanung statt. In Vauban spielen umweltbewusstes Leben und Bauen in der Gemeinschaft eine zentrale Rolle. Die Autos parken am Rand des Wohngebietes, d.h. das ganze Viertel ist verkehrsberuhigt, große Teile sind sogar autofreie Zonen. Wo Autos erlaubt sind, darf man nur in Schrittgeschwindigkeit fahren, das Wohnen in Vauban ist deshalb auch ideal für Kinder. Das Architekturkonzept ist sehr lebendig und vielfältig, weil es keine einheitlichen Häuser gibt. Gemeinsam haben sie aber die Niedrigenergiebauweise. Ziel von Architekten und Bauherren war, ein neues, modernes und abwechslungsreiches Wohn- und Lebensumfeld zu planen. Vauban ist ein Modellprojekt, in der eine ökologische Stadtentwicklung die Hauptrolle spielt.

4 Spielt Umweltschutz und Energietechnik da, wo Sie wohnen, auch eine Rolle?

Ja, … / Nein, … / Ich weiß nicht …

5 Können Sie sich vorstellen, in einem Wohnviertel zu wohnen, in dem alles an ökologischen Zielen orientiert ist?

Übersicht über die in dieser Reihe erschienenen Bände:

Stufe 1 ab A1
Das schnelle Glück
Der 80. Geburtstag
Die Neue
Die Prinzessin
Ein Hundeleben
Gebrochene Herzen
Miss Hamburg
Schwere Kost

Stufe 2 ab A2
Der Einbruch
Der Jaguar
Große Gefühle
In Gefahr
Liebe im Mai
Oktoberfest – und zurück
Schöne Ferien
Unter Verdacht

Stufe 3 ab B1
Hinter den Kulissen
Leichte Beute
Speed Dating
Stille Nacht